Joyce Denham
Morgenlicht

Joyce Denham

Morgenlicht

Irische Segen und Gebete

Aus dem Englischen übersetzt
von Bernardin Schellenberger

Kreuz

Für Flora

Du hast uns inspiriert.

Inhalt

Vorwort

Schon vor Jahrhunderten begannen die keltischen Christen in Irland und Schottland jeden Tag mit einem Morgengebet. Gleich nach dem Aufwachen baten sie Gott um seinen Segen für den neuen Tag. Wenn sie anschließend das Feuer wieder entfachten, begleiteten sie das mit einem Gebet, ebenso, wenn sie sich ihr Gesicht wuschen, sich ankleideten und ihr Frühstück zu sich nahmen. Sie beteten also den ganzen Tag – beim Gehen, beim Putzen, bei der Gartenarbeit, beim Weben, Kochen, Essen und Versorgen der Tiere. Ihre Gebete bezogen sich auf die Natur und auf die Dreifaltigkeit, also auf Gott den Vater, Gott den Sohn (nämlich Jesus) und Gott den Heiligen Geist. Ausdrücke der Zuneigung zu ihnen waren recht beliebt, wie etwa »Meine Großen Drei« und »Meine Drei Lieben«. Teilweise beteten diese mittelalterlichen Christen gemeinsam laut, teilweise murmelten sie die Gebete aber auch leise persönlich vor sich hin, so dass nur Gott sie hören konnte; und häufig sangen oder rezitierten sie sie zu lebhaften, rhythmischen Melodien. So stellten sie sich vom Morgen bis zum Abend ganz bewusst in die lebendige Gegenwart Gottes, durch alle Wochen- und Jahreszeiten hindurch.
Über Jahrhunderte wurden diese Gebete mündlich von einer Generation an die nächste weitergegeben. Einfache Reime und Versmaße gewährleisteten, dass man sich die Texte leicht und genau merken konnte, obwohl sie nicht schriftlich festgehalten wurden.

Mancher Christ kannte Hunderte dieser Gebete auswendig und verfügte so über Gebets-Gedichte für jeden Tag und jeden Anlass.
Wenngleich sich die Gebete von Familie zu Familie und von Dorf zu Dorf unterschieden, bildeten sie doch in ihrer Gesamtheit einen lebendig gehaltenen Schatz der Frömmigkeit des Einzelnen wie der Gemeinschaft. Politische Wirren, aber auch Hungersnöte und Epidemien führten schließlich dazu, dass ein Großteil der gälisch sprechenden Christen auswanderte, sich in alle Welt zerstreute und so die Sprache zunehmend verlernte. Das reiche Erbe der mündlich überlieferten Gebete geriet immer mehr in Vergessenheit und drohte im 19. Jahrhundert schließlich ganz verloren zu gehen. Dem Schotten Alexander Carmichael ist es zu verdanken, dass einige Hundert dieser Gebete erhalten blieben: viele Jahre seines Lebens verbrachte er damit, sie schriftlich zu erfassen und ins Englische zu übersetzen. Er veröffentlichte sie in seinem mehrbändigen Werk »Carmina Gadelica«, »Gälische Lieder«.

Bei lyrischen Texten steht der Übersetzer vor der Entscheidung, ob er Rhythmus und Reim so weit als möglich erhalten, dafür aber zwangsläufig Ungenauigkeiten im Text in Kauf nehmen will, oder aber zu Gunsten einer möglichst wörtlichen Übertragung Rhythmus und Reim vernachlässigt. Carmichael entschied sich für eine soweit als möglich inhaltstreue Übersetzung: Seine Texte geben auf meisterhafte Weise den Wortlaut der alten Verse wieder. Doch die Reime und Versmaße, die für ihren Gebrauch so wesentlich waren, fehlen in Carmichaels Werk. Es zeugt von ihrer Kraft und Tiefe, dass die »Carmina Gadelica« trotzdem bis heute Zeugnis abzulegen vermögen von Menschen,

die aus innerstem Herzen heraus mit Gott sprachen, die Gegenwart Gottes in seiner Schöpfung empfanden und eine innige Vertrautheit und Freundschaft mit ihm pflegten.
Gerade das persönliche, innige und alltägliche Verhältnis zwischen Mensch und Gott, das aus diesen Gebeten spricht, macht die alten Verse heute wieder aktuell. Denn einer weit verbreiteten Bewegung geht es darum, Christen zu einem ganz persönlichen, einfachen und von der Gnade Gottes beseelten Gebetsleben anzuleiten und ihnen auf diese Weise zu helfen, auch in den unscheinbarsten Alltagsverrichtungen wieder die Gegenwart Gottes zu erahnen.

Das vorliegende Buch enthält eine Auswahl von Texten aus den »Carmina Gadelica« sowie auch neue Gebete, die ich im Stil der alten Überlieferung formuliert habe. Sowohl die alten als auch meine neuen Texte habe ich im Englischen auf einfache Reime und Versmaße gebracht, und ich hoffe, sie lassen nicht nur die Anmut der ursprünglichen Texte ahnen, sondern erleichtern es zudem, sie öfter zu wiederholen und auswendig zu lernen. Mein Anliegen ist es, viele Leserinnen und Leser anzuregen, den einen oder anderen Text während ihrer Alltagsarbeiten immer wieder einmal zu sprechen und ihn vielleicht sogar auf dem Weg einer neuen mündlichen Überlieferung an andere weiterzugeben. Damit würde wieder ihr Zweck erfüllt. Vor allem aber hoffe ich, alle diese Gebete erschließen vielen Menschen eine engere Vertrautheit mit Gott und die Erfahrung, dass er bei jedem Schritt mit ihnen geht, jeden Tag ihres Lebens.

Joyce Denham

Tägliche Gebete

Dein ist der Tag, dein auch die Nacht,
hingestellt hast du Sonne und Mond.

Psalm 74,16

Morgengebete

Gebet zum Aufstehen

Dreieiniger, der Mond, die Sterne gehen,
das Licht der Sonne ist zu sehen.

Dank deiner Obhut frisch erwacht,
tauche ich aus dem Schlaf der Nacht.

Schau her, wie bloß ich mich hier fühle:
Ich brauche deines Segens Hülle.

So kleide du, Herr, mich jetzt ein
mit dem Gewand der Liebe dein.

Hilf mir, die alten Kleider wegzugeben:
all das, was nur beschwert mein Leben,

was belastet, zehrt und reibt,
was mich ruhelos antreibt.

Web mir neue, leichte Kleider,
dass ich schwerelos und heiter,

eng verwoben mit dir lebe
und die Liebe weitergebe.

Dann kann ich mich froh erheben,
darf frisch gekleidet mutig leben.

Neues Licht

Gott, nach der Ruhe dieser Nacht
hast du mir neues Licht gebracht.
Führe mich so von Licht zu Licht
Bis vor dein ew’ges Angesicht.

Carmina Gadelica

Gott soll mein Kleid sein

Ich hülle mich am heutigen Tage
in die Liebe des Allmächtigen droben.

Ich kleide mich in seine Gnade,
ganz in seiner Geduld aufgehoben.

Den Weg der Wahrheit des dreifaltigen Gottes
sollen meine Füße heute bereitwillig gehen.

Die Weisheit des Himmels erfülle mein Denken,
so werd’ ich meinen Schöpfer dereinst sehen.

Bei Entfachen des Feuers

Früher sprach die Hausfrau dieses Gebet, während sie morgens die Glut wieder zum Feuer entfachte. Es eignet sich immer noch recht gut, wenn man eine Kerze oder das Feuer anzündet oder den Kochtopf aufsetzt.

Ich will mein Feuer heute Morgen entfachen
in der Gegenwart der heiligen Engel des Himmels.
Gott entfache derweil in meinem Herzen drinnen
die Flamme der Liebe zu meinen Nächsten,
zu Feinden wie Freunden und allen Verwandten.
Sie reiche vom geringsten Geschöpf Gottes, das lebt,
bis hinauf zum Höchsten Namen von allen.

Carmina Gadelica

Ein Gebet beim Baden

Gebete beim Baden waren allgemein üblich. Man sprach die Abschnitte eines solchen Gebets zu je einer Handvoll Wasser, die man sich über den Körper sprengte. Die Bade-Gebete dienten zudem der Erinnerung an die Taufe.

Eine Handvoll über mein Haupt
lenke mein Wollen und meine Gedanken.

Eine Handvoll über mein Gesicht
schenke mir das Leuchten der himmlischen Gnade.

Eine Handvoll über meine Hände
verleihe mir Tatkraft für all meine Pflichten.

Eine Handvoll über meine Arme
mache mich stark in jeder Gefahr.

Eine Handvoll über meine Füße
zeige mir, wo ich vorwärts gehen muss oder zurück.

Eine Handvoll über mein Herz
kräftige mich zur Liebe zu Freund und auch Feind.

Den Jüngern wuschst du, Herr, die Füße.
Mich wasche ganz, von Kopf bis Fuß.

Wasche mein Herz, mein ganzes Sein,
die Füße, die Hände und auch den Kopf.*

* »Jesus goss Wasser in eine Schüssel und begann, den Jüngern die Füße zu waschen (...). Als er zu Simon Petrus kam, sagte dieser zu ihm: Du, Herr, willst mir die Füße waschen? Jesus antwortete ihm: Was ich tue, verstehst du jetzt noch nicht; doch später wirst du es begreifen. Petrus entgegnete ihm: Niemals sollst du mir die Füße waschen! Jesus erwiderte ihm: Wenn ich dich nicht wasche, hast du keinen Anteil an mir. Da sagte Simon Petrus zu ihm: Herr, dann nicht nur meine Füße, sondern auch die Hände und das Haupt. (Johannes 13,5-9)

Morgengebet

Liebevoller Schöpfer,
jeden Morgen
weckst du mich auf
zu neuem Leben.

Wie groß ist deine Treue:
tiefer als das Meer,
höher als der Himmel,
weiter als die Welt.

Sei mir nahe,
sei in mir,
sei neben mir,
am heutigen Tag,
und immer.
Amen.

Ich glaube

Ich glaube, o Herr und Gott aller Völker:
du bist der Schöpfer der obersten Welten,
du bist der Schöpfer des Himmels unter mir,
du bist der Schöpfer der Tiefen des Meeres.
Carmina Gadelica

Segne mich am heutigen Tag

Gott, segne heute, was ich tu von früh bis spät,
erfüll mit Liebe alles: das ist mein Gebet.

Segne mein Reden, Denken, alles Sinnen,
lass mich im Glauben diesen Tag beginnen.

Gott, segne auch, wonach mein Herz begehrt;
erfüll's mit Schöpferkraft, dass es dich ehrt.

Segne heute alle, denen ich begegne,
auch alles, was ich seh' und hör': Mich segne.

Segne, Gott, die Welt

Gott, segne die Welt und alles in ihr.
Gott, segne meine Frau und meine Kinder,
Gott, segne die Augen, die ich im Kopf habe
und segne, o Gott, das Tun meiner Hände.
Segne alles vom Aufstehen am frühen Morgen
bis zur Zeit, da ich mich spät wieder zur Ruhe lege.
Segne mein Aufstehen am frühen Morgen
und mein spätes mich zur Ruhe Legen.
Carmina Gadelica

Segne, was ich sehe, höre, sage

Segne,
o Gott,
was ich sehe
mit meinen Augen
und segne,
was ich sehe
mit meinem Verstand.

Segne,
o Gott,
was ich höre
mit meinen Ohren
und segne,
was ich höre
in meinem Herzen.

Segne,
o Gott,
was ich sage
mit meinen Lippen
und segne,
was ich sage
mit dem, was ich tu.

Abendgebete

Die Abendgebete, bei denen man um Gottes Segen für die ganze Nacht bittet, werden vor dem Schlafengehen gesprochen.

Beim Sonnenuntergang

Die Sonne sinkt,
geht von uns fort.
Bei Nacht wird finster
jeder Ort.

Doch weiß ich sicher,
dass ihr Licht
an jedem Morgen
neu aufbricht.

Auch deine Gnade,
guter Gott,
bricht für mich auf
aus jeder Not.

Abendgebet

Den Orion
und die Plejaden
hast du hoch an den Himmel gesetzt.

Auf das strahlende Licht
des sonnigsten Tags
lässt du kühlen Mondschein folgen.

Die am Morgen entzündete Lampe
lässt du beim Abendläuten
lautlos verlöschen.

Dich, großer Gott, Herr der Welt,
lass uns mit jedem Atemzug suchen
und dankbar dich preisen.

Nach Amos 5,8

Gott behüte uns in der Nacht

Behüte, Gott, uns alle, unser Haus und Gut
und lass uns schlafen unter deiner Hut.

Behüte, Gott, mir meine Lieben all',
umgib sie alle wie ein sich'rer Wall.

Mit deinem Licht und deiner Klarheit
bewahre uns in deiner Wahrheit.

Geleit' uns sicher durch die Nacht und Zeit
hinein in deine ew'ge Herrlichkeit.

Der Herr ist mein Hirte

Der Herr ist mein Hirte,
er will mich geleiten,
an frische Wasser mich führen,
mir Stätten der Ruhe bereiten.

Er führt mich den Weg
bergab und bergauf,
und sollte ich straucheln,
so hebt er mich auf.

Er ist auch bei mir
in der finstersten Schlucht.
Ich weiß selbst im Tode,
dass er nach mir sucht.

Sein Stecken und Stab
sind mir sicherer Halt.
was sollte ich fürchten
des Bösen Gewalt?

Es lauert am Wege,
verspricht seine Freuden.
Doch ich seh' den Herrn
den Tisch mir bereiten.

Er lädt mich zum Mahle
und salbt mir das Haupt,
belohnt mich gar reichlich,
weil ich ihm geglaubt.

Seine Güte und Liebe
verlassen mich nimmer.
So ruh' ich bei ihm
heut' Nacht und für immer.

Nach Psalm 23

Nachtgebet

Die Heiligen Drei
mögen bewahren,
beschützen,
umgeben
den Herd,
das Haus,
alle im Haus
heut' Abend,
heut'Nacht
Ja: heut' Abend,
heut' Nacht
und jede Nacht,
jede weitere Nacht.
Amen.

Carmina Gadelica

Beim Abschließen der Tür

Da ich jetzt die Tür verschließe,
sei das Böse ausgeschlossen
aus meinem Haus,
aus meinem Herzen,
aus meinem Reden,
aus meinem Tun.

Da ich jetzt die Tür verschließe,
sei die Liebe Gottes eingeschlossen
in meinem Haus,
in meinem Herzen,
in meinem Reden,
in meinem Tun.

Zum Schutzengel

Lichter Engel,
mir bestellt zur Wacht,
schütze mich im Schlafe
auch in dieser Nacht.

Gottes Angesicht
darfst du immer schauen.
Blicke auch auf mich:
dir will ich vertrauen.

Bote des Höchsten,
umhülle mich nun
mit der Liebe des Höchsten.
In ihr kann ich ruh'n.

Falls sich Wogen erheben,
bewahre mein Boot
vor Klippen und Felsen
und vor aller Not.

Leuchte als Stern mir
und führe das Ruder.
Sei jede Nacht mir
mein wachsamer Bruder.

Führe mich sicher
durchs Meer dieser Zeit
in den ewigen Hafen
der Herrlichkeit.

Christus legt sich mit mir nieder

Christus legt sich mit mir nieder,
Christus steht auch mit mir auf,
Christus ist auch immer wieder
bei mir durch des Tages Lauf.

Er beschützt mich Tag und Nacht,
er führt mich nach seinem Plan.
Unter seiner treuen Wacht
schreite mutig ich voran.

Carmina Gadelica

Ich lege mich heute Nacht mit Gott nieder

Ich lege mich heute Nacht mit Gott nieder,
und Gott legt sich nieder mit mir.
Ich lege mich heute Nacht mit Christus nieder,
und Christus legt sich nieder mit mir.
Ich lege mich heute Nacht
mit dem Heiligen Geist nieder,
und der Heilige Geist legt sich nieder mit mir.
Gott und Christus und der Heilige Geist:
Legt euch alle nieder mit mir.

Carmina Gadelica

Beim Zubettgehen

Von dir her, Gott Vater, komme mir Licht
in alle Finsternis meines Herzens.
Von dir her, mein Erlöser, komme mir Freiheit
von allen Ängsten meines Herzens.
Von dir her, Heiliger Geist, komme mir Weisheit
auf die leere Tafel meines Herzens.
Mich behüte in dieser Nacht der Friede des Geistes,
mich behüte in dieser Nacht der Friede des Sohnes,
mich behüte in dieser Nacht der Friede des Vaters,
mich behüte in dieser Nacht der Friede aller,
und auch an jedem Morgen und jedem Abend
meines Lebens.

Carmina Gadelica

Die Gaben des Dreifaltigen

Geist, gib mir von deiner Fülle,
Vater, gib mir von deiner Weisheit,
Sohn, gib mir alles, was ich brauche
und birg mich, Jesus, unterm Schutz deines Schildes.

Ich lege mich jetzt nieder
mit dem Dreieinen, der mich stärkt,
mit dem Vater, mit Jesus,
mit ihrem allgewaltigen Geist.

Carmina Gadelica

Segne mich in dieser Nacht

Vater, segne mich in meinem Leib,
Vater, segne mich in meiner Seele;
Vater, segne mich in dieser Nacht
in meinem Leib und in meiner Seele.

Carmina Gadelica

Beim Löschen des Lichts

Die Sonne ging unter,
der Tag ist vollbracht.
Ich lösche die Lampe,
mich birgt jetzt die Nacht.

Mehr noch birgt Gott mich,
hell leuchtet sein Licht,
meine Seele ruht sicher
unter seinem Gesicht.

Tischgebete

Segen vor der Mahlzeit

Christus,
als die vielen Menschen um dich
müd' und hungrig auf dich schauten,

hast du mit zwei Fischen und fünf Broten
ihnen Sättigung und Trost geboten.

Christus,
als in Kana auf der Hochzeit
nicht der Wein für alle reichte,

hast du dich erbarmt und gleich gehandelt,
Wasser dort in besten Wein verwandelt.

Christus,
sieh jetzt uns hier vor dir warten,
segne uns und diese Gaben.

Wie dem Leib, schenk auch der Seele Speise,
dass dich unser ganzes Wesen preise.

Vor dem Essen

Von Herzen sei Dank
für Speise,
für Trank,
dem, der uns erhält:
der Erschaffer der Welt.

Was wir essen,
was wir trinken,
was wir sagen,
was wir denken,
alles soll den Schöpfer preisen,
dem wir unsern Dank erweisen.
Lob sei der Dreifaltigkeit,
hier und jetzt und allezeit.
Amen.

Dankgebet nach dem Essen I

Gott, du
schenkst Nahrung,
gibst Trank,
nährst Leben,
weckst Dank.

Dein Geist
beseelt uns,
gibt Kraft,
stärkt Herzen,
erschafft
neues Leben.
So geben
dir wir die Ehre
als deine Geschöpfe:
Allezeit
sei dir unser Dank geweiht.
Amen.

Dankgebet nach dem Essen II

Dank sei dir, Gott unserm Vater,
für das Brot, das uns dem Leib nach nährt,
und auch für Jesus, das Brot des Lebens.

Dank sei dir, Gott unserm Vater,
für das Wasser, das unsern leiblichen Durst stillt,
und auch für Jesus, das Wasser des Lebens.

Unsere Nahrung und unser Trank sei es,
gemäß deinem Willen zu leben,
wie Jesus das tat, als er unter uns weilte,
und wie er im Himmel eins mit dir ist.
Amen.

Dankgebet nach dem Essen III

Dank sei dir, o Gott,
Preis sei dir, o Gott,
Ehre sei dir, o Gott,
Für alles, was du mir jetzt gabst.
Carmina Gadelica

Segensgebet über die Arbeit

Segne, o Gott der Liebe
meine Arbeit an diesem Tag.
Lass mich dein Mitarbeiter sein
und mich der Welt sorgfältig annehmen,
schöpferisch und wach.
Bevor das Leben erwachte,
schwebte dein Geist über den Wassern, brütete
und brachte dann Bäume hervor und Berge
und alle Lebewesen.
Lass mich arbeiten wie Adam,
der jedem Geschöpf seinen Namen gab
und es berief, das zu werden,
wofür du es vorgesehen hattest.
Gib mir Geduld, Unangenehmes zu ertragen;
genügend Stärke,
um allen Ansprüchen zu entsprechen;
Kraft zum Verzeihen, falls andere mir Unrecht tun;
Ehrlichkeit in allem, was ich unternehme;
Behutsamkeit im Umgang
mit allen deinen Geschöpfen.
Hilf mir, auf diese Weise
in bescheidenem Maß etwas zu verkosten
von deiner paradiesischen Welt,
bis ich dereinst bei dir wohnen darf,
in deinem neuen Himmel
und deiner neuen Erde,
wo meine Lebensarbeit erfüllt ist.
Ich preise, lebendig Dreifaltiger, deinen Namen
in Ewigkeit. Amen.

Segensgebet für den Ruhetag

Segne, du Gott des Sabbat,
meinen heutigen Ruhetag.
Lass ihn dazu dienen,
deinem Geschöpf Erholung zu schenken
und frische Kraft zu finden.
Auch du hast nach sechs Tagen geruht,
hast den Sabbat gesegnet
und ihn für heilig erklärt.
O Gott des Sabbat,
hilf mir, das Ruhen nicht zu versäumen,
denn wenn ich es nicht übe,
vollende ich nicht so wie du mein Schaffen.

Hilf mir, voll Freude
in deiner Schöpfung zu ruhen,
in deiner Güte,
in deiner Gegenwart.

Lass meine Ruhe zum leisen Vorgeschmack
jener Ruhe bei dir werden,
die mir versprochen ist
fürs Ende aller meiner Mühen hier auf der Erde,
wenn dein Paradies endgültig anbricht.
Amen.

Gebete beim Gehen

Gebete beim Gehen sind Bestandteil einer alten Tradition der christlichen Pilgerfahrt. Diese kurzen, einfachen Gebete sind dazu gedacht, während des Gehens ständig wiederholt zu werden, wobei man sie mit dem Rhythmus seiner Schritte verbindet. Man kann sich intensiv vorstellen, wie Gott als Gefährte dabei mitgeht.

Segne meinen Weg

Gott, segne meinen Weg und jeden Tritt,
Gott, segne die Erde und jeden neuen Schritt.

Carmina Gadelica

Vater über mir

Vater über mir,
Sohn neben mir,
Geist in mir,
Dreifaltiger um mich.

Wer ist vor mir?
Wer ist hinter mir?
Wer ist unter mir?
Der Vater, der Sohn und der Geist.

Carmina Gadelica

Mein Gehen sei mit Gott

Hauche mich an,
Hauch aller Tage und Nächte;
Scheint in mein Herz,
Ihr Drei voller Licht.

Mein Gehen sei heute mit Gott,
mein Gehen sei heute mit Christ,
mein Gehen sei heut' mit dem Geist,
mit dem gütigen, dreifaltigen Gott:
Ja, ja, ja, dem gütigen, dreifaltigen Gott.
Carmina Gadelica

Biblische Worte

Zeige mir, Herr, deine Wege,
lehre mich deine Pfade!
Psalm 25,4

Dein Wort ist meinem Fuß eine Leuchte,
ein Licht für meine Pfade.
Psalm 119,5

Geh ich auch mitten durch große Not:
du erhältst mich am Leben.
Psalm 138,7

Kommt, wir wollen unsere Wege gehen
im Lichte des Herrn.
Jesaja 2,5

Wohl dem Menschen, der den Herrn fürchtet und ehrt
und der auf seinen Wegen geht.
Psalm 128,1

Psalmen

Bei den Psalmen handelt es sich um alte hebräische Gebete in Gedichtform. Während des Mittelalters stellten sie die wichtigste Gebetssammlung der christlichen Kirche dar. Die folgenden Psalmen sind Äußerungen des Lobpreises angesichts der Wunderwerke und Liebe Gottes, der das alles erschaffen hat.

Mein Gott macht meine Finsternis hell

Ich will dich rühmen, Herr, meine Stärke,
Herr, du mein Fels, meine Burg, mein Retter,
mein Gott, meine Feste, in der ich mich berge,
mein Schild und sicheres Heil, meine Zuflucht.

Ich rufe: Der Herr sei gepriesen!,
und ich werde vor meinen Feinden gerettet.

Du, Herr, lässt meine Leuchte erstrahlen,
mein Gott macht meine Finsternis hell.

Psalm 18,2-4.29

Gottes Herrlichkeit in der Schöpfung

Herr, unser Herrscher,
wie gewaltig ist dein Name auf der ganzen Erde;
über den Himmel breitest du deine Hoheit aus.

Aus dem Mund der Kinder und Säuglinge
schaffst du dir Lob,
deinen Gegnern zum Trotz;
deine Feinde und Widersacher müssen verstummen.

Seh' ich den Himmel, das Werk deiner Finger,
Mond und Sterne, die du befestigt:
Was ist der Mensch, dass du an ihn denkst,
des Menschen Kind, dass du dich seiner annimmst?

Du hast ihn nur wenig geringer gemacht als Gott,
hast ihn mit Herrlichkeit und Ehre gekrönt.

Du hast ihn als Herrscher eingesetzt
über das Werk deiner Hände,
hast ihm alles zu Füßen gelegt:
All die Schafe, Ziegen und Rinder
und auch die wilden Tiere,
die Vögel des Himmels und die Fische im Meer,
alles, was auf den Pfaden der Meere dahinzieht.

Herr, unser Herrscher,
wie gewaltig ist dein Name auf der ganzen Erde!
Psalm 8

Die Herrlichkeit der Schöpfung

Die Himmel rühmen die Herrlichkeit Gottes,
vom Werk seiner Hände kündet das Firmament.
Ein Tag sagt es dem andern,
eine Nacht tut es der andern kund,
ohne Worte und ohne Reden,
unhörbar bleibt ihre Stimme.
Doch ihre Botschaft geht in die ganze Welt hinaus,
ihre Kunde bis zu den Enden der Erde.
Dort hat er der Sonne ein Zelt gebaut.
Sie tritt aus ihrem Gemach hervor wie ein Bräutigam;
sie frohlockt wie ein Held
und läuft ihre Bahn.
Am einen Ende des Himmels geht sie auf
und läuft bis ans andere Ende;
nichts kann sich vor ihrer Glut verbergen.

Psalm 19,2-7

Lobt ihn für seine Treue

Lobet den Herrn, alle Völker,
preist ihn, alle Nationen!
Denn mächtig waltet über uns seine Huld,
die Treue des Herrn währt in Ewigkeit.
Halleluja!

Psalm 117

Alles hast du staunenswert eingerichtet

Dir gebührt Lobgesang, du unser Gott,
und Dank für deine Umsicht und Güte.

Du sorgst für das Land und tränkst es;
du überschüttest es mit Reichtum.

Du füllst die Bäche und Flüsse,
du tränkst die Furchen, ebnest die Schollen,
machst sie weich durch Regen, segnest ihre Gewächse.
Du lässt das Korn und alle Früchte reifen;
alles hast du staunenswert eingerichtet.
Du krönst das Jahr mit deiner Güte,
deinen Spuren folgt Überfluss.

In der Steppe prangen die Auen,
die Höhen umgürten sich mit Jubel.
Die Weiden schmücken sich mit Herden,
die Täler hüllen sich in Korn.
Sie jauchzen und singen dein Lob.

Frei nach Psalm 65,2.10-14

Gewaltiger als alle Fluten ist Gott

Der Herr ist König über die ganze Erde,
er hat sie fest gegründet, nie wird sie wanken.
Von Anbeginn thront er über ihr,
er ist seit Ewigkeit Herr.

Gewaltige Fluten mögen sich erheben,
mögen brausen und tosen:
Gewaltiger als das Tosen vieler Wasser,
gewaltiger als die Brandung des Meeres
ist der Herr in der Höhe.

Was er festgesetzt hat, ist verlässlich,
sein Haus steht sicher in Ewigkeit,
und ewig gebühren ihm Lob und Ehre.

Frei nach Psalm 93

Er ist der König über allen Göttern

Kommt, lasst uns jubeln vor dem Herrn
und zujauchzen dem Fels unsres Heiles!

Denn der Herr ist ein großer Gott,
ein großer König über allen Göttern.

In seiner Hand sind die Tiefen der Erde,
sein sind die Gipfel der Berge.

Sein ist das Meer, das er gemacht hat,
das trockene Land, das seine Hände gebildet.

Kommt, lasst uns niederfallen, uns vor ihm verneigen,
lasst uns niederknien vor dem Herrn, unserm Schöpfer!

Psalm 95,1.3-6

Die ganze Schöpfung singt sein Lob

Halleluja!
Lobt den Herrn vom Himmel her,
lobt ihn, alle seine Engel und himmlischen Scharen!

Lobt ihn, Sonne und Mond,
lobt ihn, all ihr leuchtenden Sterne!

Lobt ihn, alle Wolken am Himmel,
singt ihm Lob und Preis aus der Höhe.

Er hat euch eure Plätze gewiesen,
die Gesetze geschaffen, die euch bewegen.

Lobt den Herrn von der Erde her,
Blitze, Hagel, Regen und Schnee,

Lobt ihn, ihr Sturmwinde, wenn ihr braust,
lobt ihn, ihr Seen und Meere und ihr Fische darin.

Lobt ihn, ihr Berge und alle ihr Hügel und Ebenen,
lobt ihn, ihr Wälder und alle Bäume und Pflanzen.

Lobt ihn, alle ihr Lebewesen, wilde und zahme,
vom kleinsten Käfer bis zum weisesten Menschen.

Lobt ihn, ihr Menschen, Junge und Alte.
Alles, was Atem hat, lobe ihn immer dafür.

Seine Hoheit strahlt über Erde und Himmel,
lässt alle staunen und weckt ihren Dank.

Lobt also alle den Namen des Höchsten,
der hoch erhaben ist und dennoch euch nahe.
Halleluja!

Frei nach Psalm 148

Feste und Jahreszeiten

Du hast die Grenzen der Erde festgesetzt,
hast Sommer und Winter geschaffen.

Psalm 74,17

Die vier Jahreszeiten

Frühling

Knospe, Blatt und Blüte
weckt des Schöpfers Güte.
In den starren Zweigen
neu die Säfte steigen.

Alles, was wie tot schien
reckt sich jetzt zum Licht hin,
sprengt die tote Hülle,
grünt und treibt zur Fülle.

Aus den braunen Wiesen
sieht man Grünes sprießen;
statt der Winterlüfte
wehen Blütendüfte.

Bitte, Gott, erlaube,
dass so auch mein Glaube
und mein Mut sich regen
unter deinem Segen.

Sommer

Die Sonne erstarkt jetzt,
schenkt Wärme und Leben,
lässt spüren die Liebe,
die Gott uns gegeben.

Kurz sind die Nächte,
wir genießen die Helle.
Geist, Sohn und Vater,
ihr seid ihre Quelle.

Im Licht und der Wärme,
da sind wir geborgen.
Du, Schöpfer, bist nahe,
es schmelzen die Sorgen.

Der Glanz deiner Gnade
heilt unsere Wunden.
Es drängt uns, dir, Höchster,
laut Dank zu bekunden.

Herbst

Mit reicher Fülle,
voller Farben,
kommt der Herbst,
dass wir nicht darben.

Die Müh' der Arbeit
und des Lebens
trägt jetzt Frucht,
war nicht vergebens.

Wir ernten dankbar
Gottes Segen
Jahr um Jahr,
das uns gegeben.

Der Herbst verheißt auch
meiner Seele,
dass ihr Ziel
sie nicht verfehle.

Für sie erfüllt sich
nach den Zeiten
ganz ihr Glück
in Ewigkeiten.

Winter

Der Winter hält Einzug
mit Kälte und Frost.
Scharf weht der Wind,
nur der Ofen gibt Trost.

Der Mond hängt am Himmel,
beleuchtet die Nacht,
verheißt uns, dass Gott
auch jetzt über uns wacht.

Ja, Gott, komm bald wieder
mit Sonne und Licht,
besiege die Nacht,
dass neu das Leben aufbricht.

Advent

Advent bedeutet »Ankunft«: die Ankunft von etwas Neuem, Wunderbarem in der Welt. In der von den vier Adventssonntagen geprägten Zeit vor Weihnachten bereiten sich die Christen auf die Feier der Geburt Jesu in Bethlehem vor, in dem Gott auf Erden erschien. Sie beten während dieser Zeit des Wartens auch darum, dass Gottes Licht in ihrem eigenen Leben aufbrechen möge.

Adventsgebet

O Weisheit aus des Höchsten Mund,
die du umspannst des Weltalls Rund
und alles lenkst mit Kraft und Rat:
Komm, weise uns der Klugheit Pfad.

O Aufgang, Glanz der Ewigkeit,
du Sonne der Gerechtigkeit:
Erleuchte doch mit deiner Pracht
die Finsternis und Todesnacht.

O König, Sehnsucht aller Welt,
du Eckstein, der sie eint und hält:
O komm zu uns, o Herrscher mild,
und rette uns, dein Ebenbild.

O »Gott mit uns«, Immanuel,
du Fürst des Hauses Israel,
o Hoffnung aller Völker du:
Komm, führ uns deinem Frieden zu.

Strophen 2,6,7 und 8 von »Herr, send herab uns deinen Sohn«, eine Nachdichtung der lateinischen »O-Antiphonen« von Heinrich Bone 1847 (katholisches Gesangbuch »Gotteslob« Nr. 112)

Warten auf Gott

Im Dunkel der Nacht
sitzt einsam der Wächter,
harrt aus und wacht,
bis anbricht der Tag.

So sitze auch ich
und hoffe und bete:
Heile du mich,
der ich zu dir klag'.

Du, o mein Gott,
bist mir Hoffnung und Licht.
Komm endlich zu mir,
vergiss mich doch nicht!
Wie der Wächter bei Nacht
erwartet den Tag,
bin ich auf der Wacht,
so sehr ich's vermag.
Ja, mehr als der Wächter
erwarte ich dich,
so komm, o mein Gott,
komm, erleuchte mich!

Inspiriert von Psalm 130

Weihnachten

Die Adventszeit schließt mit der Geburt Jesu: Mit ihm ist das Licht in die Welt gekommen. An Weihnachten feiert die Kirche die Geburt Jesu, des Christus und Erlösers der Welt.

Am Heiligabend

Komm, der Völker Heiland du,
Sohn der Jungfrau, eil herzu,
dass vor solcher Herrlichkeit
staune Erd und Himmel weit.

Schon erglänzt die Krippe klar,
Nacht uns neues Licht gebar.
Alles Dunkle bleibe fern!
Gläubig schaun wir dich, den Herrn.

Ambrosius von Mailand (340-397), Übersetzung aus »Kirchenlied II«, Christophorus-Verlag Freiburg.

Heut ist er geboren!

Heut ist er geboren!
Gottes Herz schlägt im Kind.
Maria kniet staunend,
fasst's nicht so geschwind.

Heut ist er geboren!
Welche Freud' für die Welt!
Als Kind kam zu uns heut',
der alles erhält.

Heut ist er geboren!
Gottes Liebe so nah.
Wer kann das erfassen,
was im Stalle geschah?

Weihnacht

Zärtliche Dreifaltigkeit,
dreifach starke Liebe,
dreimal starke Kraft,
dass in dir ich bliebe!

Mächtige Dreifaltigkeit,
du wirst heut zum Kinde,
dass den Großen ich
klein im Menschen finde.

Staunen muss da jeder der Stern,
alle Engel singen,
über diesen Gott
in den kleinsten Dingen.

Weihnachtsgesang

Dieses alte Lied sangen die Dorfleute, wenn sie am Morgen des ersten Weihnachtstages durch die Straßen gingen.

Lob dem König! Lob dem König!
Gesegnet sei Er, reich gesegnet!
Lob und Preis, Segen dem König!
He, Hallo, jubelt ihm laut!

Carmina Gadelica

Gebet zu Mariens Sohn

Geh mit mir, Mariens Sohn,
dass ich find' des Lebens Lohn.

Lach mit mir, Mariens Knab',
dass ich immer Freude hab'.

Sprich mit mir, Mariens Kind,
dass ich gute Weisung find'.

Ruh mit mir, Mariens Sproß,
dass mich berge Gottes Schoß.

Neujahr

Wenn ein Jahr endet und ein neues beginnt, ist das ein Anstoß, das eigene Leben zu überdenken. Es ist auch ein Anlass, Gott, dem Schöpfer aller unserer Tage und Jahre, für das Geschenk jedes neuen Tages zu danken. Danken können wir ihm auch dafür, dass immer wieder neue Tage kommen und er uns, weil er uns liebt, obendrein ein ewiges Leben versprochen hat.

Neujahrsgebet

Weltenschöpfer, vor undenklicher Zeit
setztest du dem Lauf der Jahre den Anfang.
Seither nehmen unablässig die Tage,
die Stunden und Minuten ihren Fortgang.

Schwindend eilt mir Augenblick um Augenblick,
darum halte du mich fest an deiner Hand,
lass die Stunden Schritte werden und die Tage Wege,
bis die Zeit aufhört in deinem Land.

Sankt Patricks-Tag, 17. März

Der heilige Patrick, geboren 389, war ein römischer Brite. Er wurde als Sechzehnjähriger von irischen Piraten entführt und in Irland als Sklave verkauft. Nach einiger Zeit gelang ihm die Flucht, aber etliche Jahre später kehrte er nach Irland zurück, um dort bis an sein Lebensende die Liebesbotschaft Christi zu verbreiten.

Stark wie der Himmel und tief wie das Meer
Sei mein Glaube an Gott den Dreifaltigen.
Unter dem Schutz seiner dreifaltigen Kraft
Erhebe ich mich, stark dank des Dreifaltigen.
Christus mir zur Rechten,
Christus mir zur Linken,
Christus hoch über mir,
Christus tief unter mir.
Hinter mir, vor mir,
von innen, von außen
lenke Christi Kraft mich auf meinem Weg.
Christi Ohr zum Hören,
Christi Aug' zum Sehen,
Christi Geist in allen, die meiner gedenken.

Nach »The Deer's Cry«, einem dem heiligen Patrick zugeschriebenen Gebet.

Fastenzeit

Die christliche Kirche bezeichnet als »Fastenzeit« die vierzig Tage der Vorbereitung auf das Osterfest. Dabei widmen sich die Gläubigen nicht nur dem Nahrungsfasten, sondern einem »Fasten« im umfassenden Sinn: der Besinnung auf Wesentliches und dem Verzicht auf überflüssige, zerstreuende und schädliche Gewohnheiten und Dinge, um sich besser auf Gottes Liebe und seine verzeihende Güte konzentrieren zu können.

Gebet für die Fastenzeit

Man kann während der vierzig Tage der Fastenzeit jeden Tag mit diesem Gebet beginnen und beschließen. Es ist hilfreich, daran anschließend immer etwas in der Stille zu verweilen, im Bewusstsein, dass Gott gegenwärtig ist.

Wonach sich im Himmel glühend sehnen
deine Engel,
deine Heiligen,
alle um dich Versammelten,
das lass auch mich hier auf Erden
glühend ersehnen!
Carmina Gadelica

Ostern

An Ostern wird die Auferstehung Jesu gefeiert. Der römische Statthalter hatte Jesus kreuzigen lassen, aber drei Tage danach auferstand er von den Toten und erschloss der ganzen Welt ein neues Leben.

Christus der Sieger

Dank sei dir, siegreicher Christus und Held,
Du zerbrachest die Schranken ins himmlische Reich,
Besiegtest das Böse, den Tod und das Leid.
Verschließe für immer in deinem Grab, das jetzt leer,
Alles, was uns ängstigt und plagt, du Sieger und Herr.
Du stiegst wie die Sonne aus der Tiefe zum Licht:
Zeig' uns in all unsern Nächten der Hoffnung Gesicht.

Trinitatis

Achter Sonntag nach Ostern

Die Christen glauben, Gott sei Drei in Einem: Gott Vater, Gott Sohn (nämlich Jesus, der Christus) und Gott Heiliger Geist – der eine Gott, der sich uns auf drei verschiedene Weisen zeigt. Der Trinitatis-Sonntag ist dem besonderen Dank an den Gott gewidmet, der Drei in Einem ist.

Die Heilige Dreifaltigkeit

Die Drei über mir,
Die Drei unter mir,
Die Drei in der Höhe weit über mir,
Die Drei in der Tiefe weit unter mir;
Die Drei in der Erde,
Die Drei in der Luft,
Die Drei im Himmel,
Die Drei im großen, schäumenden Meer.

Carmina Gadelica

Gebet zur Dreifaltigkeit

Im Namen des Vaters,
Im Namen des Sohnes,
Im Namen des Geistes,
Der Drei in Einem:

Macht mich froh, Vater,
Macht mich froh, Sohn,
Macht mich froh, Geist,
Ihr Drei Allgütigen.

Carmina Gadelica

Die Großen Drei

Drei hoch über mir in der Höh',
Drei auf dem Weg, den ich heut' geh',
Drei erfüllen das Erdenrund,
Drei im Meer und festen Grund,
Drei umgeben mich allezeit,
Drei in alle Ewigkeit.

Sankt Columbas-Tag, 9. Juni

Columba (521 – 597), ein irischer Priester, stach mit vierzig Jahren in See. Gott führte ihn auf die kleine Insel Iona vor der Westküste Schottlands. Von dort aus verbreitete er die Botschaft der Liebe Christi in Schottland, England und weit darüber hinaus.

Lied für Columba

Mich trägt mein Boot ins Ungewisse,
dass Gott mir seinen Weg erschließe.
Mein Ruder ist das Gottvertrauen,
auf ihn allein will ich jetzt schauen.

Das Ufer weicht, die Wellen steigen,
ich schaukle auf dem Meeresschweigen.
Allein und wehrlos will ich trauen
und unentwegt auf Gott nur schauen.

Ich kann mich nicht an Mauern halten,
mit keinem Freund mich unterhalten.
Das Meer ist eine weite Wüste;
ich sehe niemand, der mich grüßte.

Gott kann ich in den Fluten ahnen;
er grüßt mich mit den Wolkenfahnen.
Gott, der Dreieine, raunt im Dunkel
und schimmert mir im Sterngefunkel.

Gott zieht vorbei am Abendhimmel,
er äußert sich im Fischgewimmel.
Er kommt vom Meer her, mich zu segnen,
will in der Brise mir begegnen.

Er trägt mit seiner Hand die Schale,
in der ich sitze und nicht falle.
Er wird mich auch ans Ufer leiten,
um seine Botschaft zu verbreiten.

Die Insel, die er mir bereitet,
empfängt mein Boot, und knirschend gleitet
der Kiel ans Ufer, und ich preise
den, der geleitet meine Reise.

Hier werde ich mich niederlassen
und einzig mich mit ihm befassen.
Hier will ich ihn voll Dank verehren
und mich in seinem Dienst verzehren.

Die Wogen rauschen, und ich singe
dem Schöpfer aller Weltendinge.
Die Stürme brausen, und ich höre
daraus den Klang der Himmelschöre.

Ich bitte Gott um Mut und Stärke,
um seinen Beistand bei dem Werke,
dass dies ein Ort der Stille werde,
ein Haus für ihn auf dieser Erde.

Ein Haus für alle auch, die's wagen,
nach Gott und seinem Plan zu fragen;
für alle, die hier beten wollen
und reich gesegnet gehen sollen.

Ich danke Gott, der mich geleitet
und diese Stätte mir bereitet.
Ihm sei die Ehre allezeit
heut' und in seiner Ewigkeit.

Erntedank

Großer Gott,
Gott der Ernten,
voll sind die Ähren,
schwer die Bäume vom Obst,
üppig die goldenen und grünen Fluren.

Der Weltengärtner besucht unsichtbar alles.

Großer Gott,
Gott der Schöpfung,
Dein sind die Ähren,
Dein sind die Bäume,
Dein sind die Fluren.

Der Weltengärtner schenkt diese Fülle.

Großer Gott,
Erntezeit ist,
paradiesische Fülle.
Dank für die Nahrung,
Dank für den Trank.

Der Weltengärtner öffnet die Hand.

Allerheiligen, 1. November

An diesem Tag gedenken die Christen aller der Gläubigen, in deren Leben das Licht Christi sichtbar erschienen ist.

Für die Heiligen überall

Wenn ich ankommen werde am Himmelstor,
Will ich dich preisen, o Gott, mit deiner Heiligen Chor.

Mit Maria und Martha, die dich gastlich aufnahmen;
mit Paulus, der gewaltig auftrat in deinem Namen.

Mit Petrus und Andreas, den Fischern und Boten;
mit Martin, der seinen Mantel dem Bettler geboten.

Mit Franziskus, dem Reichen, der die Armut erwählte;
mit Brigid, die sich in den Dienst der Kranken stellte.

Wenn ich ankommen werde am Himmelstor,
Will ich dich preisen, o Gott, mit deiner Heiligen Chor,

Mit den Reichen, den Armen, den Starken
und Schwachen,
mit allen, die halfen, auf Erden Christi Licht
zu entfachen.

Besondere Segensgebete und Anliegen

Behüte mich, Gott,
denn ich vertraue dir.
Psalm 16,1

Taufe

Taufgebet für ein Kind

Die Eltern können dieses Gebet für ihr Kind vor der Taufe und dann immer wieder an den Jahrtagen seiner Taufe beten.

O Gott, der in den Höhen wohnt,
senke von Anfang an auf unser Kind
deinen Segen herab.
Umgib es allezeit mit deiner Liebe,
du Schöpfer des Lebens und Gott des Heils
und des Friedens.

Wenn dein Priester, du Unfassbarer,
über N. (Name des Täuflings) das segenspendende
Wasser gießt,
dann gewähre ihm/ihr
deinen dreifaltigen Segen,
der die Höhen erfüllt;
deinen dreifaltigen Segen,
der in alle Abgründe reicht,
damit dieses Kind sein Leben lang
geborgen sei in deiner Liebe.

Gieße über N. deine Gnade.
Schenke ihm/ihr Tugend und Reife,
schenke ihm/ihr Kraft und Geleit,
Gespür und Verstand,
und am letzten Tag den Beistand der Engel,

damit sie ihn/sie ohne Tadel
in deine Gegenwart stellen;
damit sie ihn/sie ohne Tadel
in deine Gegenwart stellen.
Carmina Gadelica

Taufwunsch bei der Geburt

Dieses Gebet ist Teil einer alten Tradition, die bei der Geburt eines Kindes üblich war. Die Hebamme benetzte die Stirn des neugeborenen Kindes mit drei Tropfen Wasser und sprach dazu die Worte:

Im Namen des Vaters,
Amen.
Im Namen des Sohnes,
Amen.
Im Namen des Geistes,
Amen.

Die Drei sollen dich waschen,
Amen.
Die Drei sollen dich baden,
Amen.
Die Drei sollen dich retten,
Amen.

Der Vater, Sohn und Geist,
Amen.
Der Vater, Sohn und Geist,
Amen.
Der Vater, Sohn und Geist,
Amen.
Carmina Gadelica

Zur Taufe eines Erwachsenen

Gott, mein Heiler,
Gott, mein Erlöser,
wenn ich mich jetzt unter die
Wasser der Taufe stelle,
dann lass mich der Sünde sterben.
Lass mich sterben für alles
in mir wie außer mir,
das mich trennt von dir.

Lass mich zu neuem Leben auferstehen,
zum Leben Christi.
Lass mich im Licht der Wahrheit
meinen Weg mit dir gehen,
am heutigen Tag
und alle meine Tage,
bis ich bei dir im Himmel wohnen darf.

Im Namen des Vaters, des Sohnes und des Geistes,
der Allheiligen Drei.
Amen.

Geburtstage

Geburtstagsgebet

Eltern, Angehörige und Freunde können dieses Gebet bei einer Geburtstagsfeier gemeinsam sprechen. An den angegebenen Stellen ist der Name des/der Betreffenden einzufügen.

Dank sei dir, Gott, für N.s (oder: meine eigene) Geburt.
Dank sei dir Gott dafür, ihn/sie/mich gestaltet zu haben.
Dank sei dir für den unschätzbaren Wert,
den deine Schöpferkraft mit ihm/ihr/mir schuf.

In deinem Schöpfergeist lag sein/ihr/mein Beginn.
Du entwarfst ihn/sie/mich und wolltest unbedingt,
dass er/sie/ich sei.
So ist er/sie(bin ich) ein Kunstwerk aus deiner Hand.
Dank dir für alles, was du in ihn/ihr/mir angelegt hast!

Schuldbekenntnis und Vergebung

Man kann sich dazu einige Minuten still in Gottes Gegenwart hinsetzen. Dann beginnt man sein Schuldbekenntnis mit dem folgenden, von Psalm 19,12-14 angeregten Gebet:

Vergib mir, Herr

O Herr,
vergib mir meine geheimen und meine offenen Sünden
und gewähre mir sündenlose Gedanken.
Prüfe Herz und Nieren mir,
dass ich neu gefalle dir.

Vergib mir vor allem folgende Sünden:
(hier bestimmte einzelne Vergehen nennen)

Hierauf sollte man einige weitere Minuten lang still in Gottes Gegenwart sitzen bleiben und dann mit der Wiederholung dieses gleichen Gebets abschließen:

O Herr,
vergib mir meine geheimen und meine offenen Sünden
und gewähre mir sündenlose Gedanken.
Prüfe Herz und Nieren mir,
dass ich neu gefalle dir.

Tod

Tod eines Freundes oder lieben Menschen

O Christus, geleite du
diese Seele in die Ruh'.
Nimm sie nach des Lebens Lauf
in die Schar der Heil'gen auf.

Engelskönig Michael,
sei als Helfer jetzt zur Stell',
der du ja die Seelen wägst
und sie vor den Höchsten trägst.

Gott, im Himmel sie begrüß',
mach sie ihres Glücks gewiss.
Milde sei dein Endgericht,
weise sie ins Ew'ge Licht.

O Gott, sei bei mir

Deine Gnade schenke mir mein Leben lang,
und dein Leben schenk mir in der Todesstunde.
Sei bei mir, o Gott, wenn ich entschlafe,
Sei bei mir beim Schreiten durch die dunklen Wasser.

O! Wenn nach dem letzten Atemzug ich schlafe,

O! Sei bei mir, wenn ich durch die dunklen Wasser
schreite.
Ja, Gott, sei bei mir, wenn meine Seele
durch die Furten tastet
Beim Überqueren abgrundtiefer Wasser.

Carmina Gadelica

Wenn der Tod naht

Ich lieg' auf meinem Lager
und spür' schon nah den Tod,
empfehle mich der Liebe,
vertraue ganz auf Gott.

Ich glaube, dass die Engel
jetzt nahe um mich sind,
mir Gottes Atem spenden,
denn ich bin ja sein Kind.

Ich glaube auch, dass Christus
als Arzt am Lager steht
und mir das Leben spendet,
das ewig nicht vergeht.

Er heilt all meine Wunden,
sein Balsam macht mich heil.
Er stärkt mich, dass ich gläubig
zum Himmelreiche eil'.

Gottesliebe

Gott, du meine Hoffnung

Ich setze meine Hoffnung auf dich, o Gott,
meine lebendige Hoffnung auf dich, Vater der Himmel,
meine große Hoffnung darauf, bei dir zu sein
in der noch fernen Welt, die im Kommen ist.

Vater und Sohn und Heiliger Geist,
die eine Person in den Dreien,
Vollkommen, in einer Welt ohne Ende,
unwandelbar, ein ewiges Leben lang.

Carmina Gadelica

Ich schenke Gott alles

Ich schenke dir meine Liebe
mit meiner ganzen Hingabe,
Ich schenke dir mein Knieen
mit meiner ganzen Sehnsucht,
Ich schenke dir meine Liebe
mit meinem ganzen Herzen,
Ich schenke dir meine Zuneigung
mit meinem ganzen Gemüt;
Ich schenke dir mein Leben
mit meinem ganzen Denken,
Ich schenke dir meine Seele, o Gott aller Götter.

Carmina Gadelica

Jesus, Weltenschöpfer

Jesus,
Funke alles Seins,
Dichter des Kosmos,
Autor des Buches der Schöpfung,
Energiespender der Elemente,
Kraft in den Atomen,
Gestalter der Moleküle,
Atem des Lebens,
Grundleger der Zeitalter,
Wissen der Geheimnisse,
Weisheit schlechthin,
Bild des unsichtbaren Gottes,
Liebhaber der Sterblichen,
Vergeber der Sünden,
Sieger über das Böse,
Bezwinger des Todes,
Erlöser der Menschen,
Freund der Menschen,
mein Freund,
mein ganz persönlicher Freund.
Amen.

Gott soll mich umfangen

Gott soll mich umfangen,
Gott soll mich umgeben,
Gott sei in meinem Sprechen,
Gott sei in meinem Denken.

Gott sei in meinem Schlafen,
Gott sei in meinem Wachen,
Gott sei in meinem Schauen,
Gott sei in meinem Hoffen.

Gott sei in meinem Leben,
Gott sei auf meinen Lippen,
Gott sei in meinen Händen,
Gott sei in meinem Herzen.

Carmina Gadelica

Sei du mein Hirte

Suchtest das verlorne Schaf,
brachtest es nach Hause,
dass es dort geborgen sei
vor den Sturms Gebrause.
Fang auch mich und heb mich auf,
trag mich bis zum Ende.
Suchtest du nicht meine Spur,
nie zu dir ich fände.

Der liebevolle Vater

Alles, was ich empfangen habe, alles kam von dir,
Alles, was ich mir erhoffe, spendet deine Liebe mir.
Alles, was mir Freude macht, ist Geschenk von dir,
alles, was ich mir erbitte, gibst du, Vater, mir.

Heil'ger Gott und Vater, liebevoller, auf dein Wort ich bau',
dass du mir recht beten hilfst, darauf ich vertrau'.
Schenke Licht für alles, was ich denke, will und tu',
stärk' die Liebe, tilg' die Schwächen, gib in dir mir Ruh'.

Mach das Herz mir rein, mach meinen Glauben fest,
schenk mir Tapferkeit, die sich ganz auf dich verlässt.
Wenn mein Mund sich auftut und Gebete zu dir spricht,
sei mir nah und schenke mir starke Zuversicht.

Carmina Gadelica

Freunde und Familie

Der Friede sei mit dir

Der Friede Gottes sei mit dir,
der Friede Christi sei mit dir,
der Friede des Geistes sei mit dir,
dein ganzes Leben lang,
alle Tage deines Lebens.
Frei nach den Carmina Gadelica

Segensgebet über Kinder

Gottes Segen sei mit euch,
er durchdring' euch ganz und gar.
Christi Segen sei mit euch,
er geleit' euch gütig.
Des Geistes Segen sei mit euch,
er behüt' euch allezeit,
jeden Tag, an dem ihr aufsteht,
jede Nacht, in der ihr einschlaft.
Carmina Gadelica

Segensgebet über einen Freund oder Angehörigen

Ich bete für dich um Freude im Leben,
um Ansehen, Wohlstand und guten Ruf.
Kein Anlass sei dir zum Seufzen,
kein Grund, Tränen fließen zu lassen.

Kein Hindernis versperr' deinen Weg,
kein Schatten fall' auf dein Gesicht,
bis du dich zum letzten Schlafe hinlegst
und dich den gütigen Armen Christi empfiehlst.

Carmina Gadelica

Gottes Hilfe

An die heilende Hand

Ich richte mein Gebet mit dem Munde,
ich richte mein Gebet mit dem Herzen,
ich richte mein Gebet direkt an dich,
o heilende Hand, o Sohn Gottes, der uns erlöst,

um dich zu preisen, o Jesus,
Herr des Meeres und des Landes,
Herr der Sonne und des Mondes,
Herr der wunderbaren Sterne.

Streiche deine Salbe auf meine Augen,
träufle deinen Balsam auf meine Wunden,
lege dein Leinengewand auf meine Haut,
o heilende Hand, o Sohn Gottes, der uns erlöst.

Carmina Gadelica

An Gottes Flamme

Flamme aller Flammen,
fang in mir zu brennen an,
mach hell meine Finsternisse
bis in alle Ewigkeiten.
Verzehre alles, was verlogen ist
mit deiner Wahrheit Kraft.

An Gottes Kraft

Gottes Wahrheit zwischen mich und alle Lügen;
Gottes Gerechtigkeit zwischen mich und alles Unrecht;

Gottes Stärke zwischen mich und alle Niederlagen;
Gottes Entschlossenheit zwischen mich und alles Zaudern;
Gottes Zärtlichkeit zwischen mich und alle Wunden;
Gottes Liebe zwischen mich und allen Hass.

Der du mich von allen Seiten umfängst

Der du mich von allen Seiten umfängst,
sei mir immerdar Schutz und Wacht.
Birg mich, wenn die Finsternis kommt,
behüte mich auch in der finstersten Nacht.

Der du mich von allen Seiten umfängst,
sei mein Schutzwall, wenn alles zerbricht.
In Stürmen und Wogen bewahre mich,
verlasse auch in der Todesstunde mich nicht.

Der du mich von allen Seiten umfängst,
du bist mein Beschützer und Halt.
In all meinen Nächten bist du mein Licht,
solang du mich umgibst, wird's mir nicht kalt.

Die Burg in Zeiten der Not

Der Herr wird für den Bedrückten zur Burg,
zur Burg in Zeiten der Not.
Darum vertraut dir, wer deinen Namen kennt;
denn du, Herr, verlässt keinen, der dich sucht.

Psalm 9,9-10

Bitte um Schutz

Du Fülle des Lebens,
Du Fülle des Friedens,
Du Fülle der Zeit,
Du Fülle der Ewigkeit,
Du Fülle der Ewigkeit!

Behüte mich am heutigen Tag,
Mache leicht, was mich beschwert,
Umfange mich in dieser Nacht,
Gieße auf mich deine Gnade aus,
Gieße auf mich deine Gnade aus!

Carmina Gadelica

Gott beschütze mich

Gott beschütze mich
Gott erfülle mich
Gott erhalte mich
Gott bewache mich

Gott bringe mich sicher
ins Land seines Friedens
ins himmlische Reich
in den Frieden der Ewigkeit.

Lobpreis dem Vater
Lobpreis dem Sohn
Lobpreis dem Geist
den Dreien in Einem.

Gott sei mein Licht

Gott der Sonne
sei mein Gott
Gott des Mondes
sei mein Gott
Gott der Sterne
sei mein Gott

Ist der Tag bewölkt
ist die Nacht ganz finster
ist das Licht der Liebe mir verdeckt
sei du meine Sonne
sei du mein Mond
sei du mein Stern
o Gott des Lichts und des Staunens.

Sei meine Insel

O Gott der Götter

Auf dem Meer
sei meine Insel

Auf dem Land
sei meine Festung

In der Wüste
sei mein tiefer, kühler Brunnen

In der Hitze
sei mein Schatten

In der Kälte
sei mein warmes Haus

In der Finsternis
sei mein zuverlässig helles Licht.

Gott helfe dir

Gott helfe dir
auf allen Wegen
allen Straßen
auch im Regen
durch die Gassen
an heitern Tagen
zu Fuß
im Wagen
in Bus
und Bahn
durch die Luft
komm gut an
im Gedränge
in der Menge
im Sonnenschein
und Lampenlicht
sei nie allein
verzage nicht
Gott helfe dir
und sei bei dir

Führe mich, Gott

Führe mich, Gott, mit deiner Weisheit
Züchtige mich, Gott, mit deiner Gerechtigkeit
Hilf mir, Gott, mit deiner Barmherzigkeit
Schütze mich, Gott, mit deiner Stärke
Erfülle mich, Gott, mit deiner Fülle
Schirme mich, Gott, mit deinem Schatten
Überschütte mich, Gott, mit deiner Gnade
Um deines gesalbten Sohnes willen.
Carmina Gadelica

Ich bin hier ganz allein

Ich bin hier in der Fremde
Ich bin hier in der Not
Ich bin hier voller Schmerz
Ich bin hier ohne Weg

Ich bin hier ganz allein

O Gott, geleite du mich.
Carmina Gadelica

Segensgebete für die Häuser

Für ein neues Haus

Es wache das Kreuz Christi über eurem neuen Haus
Es wache das Kreuz Christi über eurem neuen Herd
Es wache das Kreuz Christi über eurer neuen Wohnstatt
Über eurer neuen Feuerstelle.
Carmina Gadelica

Haussegnung

Gott spende seinen Segen
diesem neuen Haus.

Der König der Elemente
sei sein Beistand,
der König der Herrlichkeit
sei ihm immer nah.
Carmina Gadelica

Segensgebet über ein Haus

Segne, Gott, das Haus,
segne, Gott, das Feuer,
segne, Gott, den Herd.
Sei du selbst unsere Wohnstatt.
Carmina Gadelica

Gerechtigkeit, Frieden und Versöhnung

Gebet um Gerechtigkeit

Tagtäglich möge ich deine Gerechtigkeit lieben
Tagtäglich möge ich mit deiner Geradheit handeln
Tagtäglich möge ich mit deiner Weisheit sprechen
Tagtäglich möge ich im Frieden mit dir und meinem
Nachbarn leben
Tagtäglich möge ich deiner Gnaden gedenken
Tagtäglich möge ich deine Gebote befolgen
Tagtäglich möge ich ein Lied dichten,
um dich zu preisen, Gott der Meere und Länder.

Nach den Carmina Gadelica

Gebet um Versöhnung

Ich wende mich an den Vater,
der jedes Geschöpf erschuf,
ich wende mich an den Sohn,
der das Lösegeld für sein Volk zahlte,
ich wende mich an den Heiligen Geist,
den Tröster voll Macht:
Gegen jede Wunde schirme uns,
jede Verletzung heile.
Begleite den Anfang und das Ende
unsres Geschlechts.
Schenk uns die Gnade, dir in der Herrlichkeit
singen zu dürfen,
in Frieden und Ruhe und ganz mit allen versöhnt,
wo keine Träne mehr vergossen wird
und der Tod nicht mehr droht,
wo keine Träne mehr vergossen wird
und der Tod nicht mehr droht.

Carmina Gadelica

Hochzeit

Ehesegen

Eure Großzügigkeit sei
wie die des Vaters im Himmel.

Eure Liebe sei
wie die des Sohns, der sich für uns hingab.

Eure Gemeinschaft sei
wie die des zärtlichen Gottesgeistes.

Eure Versöhnungsbereitschaft sei
wie die der Großen Dreifaltigkeit,

Bis ihr gemeinsam geht
auf den Straßen des Himmels.

Eheversprechen

Ich binde mich an dich
wie ich mich an Christus binde:

in Wahrheit
in Aufrichtigkeit
in Treue
in Beharrlichkeit.

Ich binde mich an dich
wie Christus sich an mich bindet:

in Mitempfinden
in Verstehen
in Vergebung
in Ehrfurcht vor allem, was lebt;

ohne Rechthaberei
ohne Feindseligkeit
ohne Groll
ohne Selbstsucht.

Unser Band sei Christi Band
unser Leben Christi Leben
unsere Liebe Christi Liebe.

Lobpreis

Lobpreis den Drei

Lobpreis dem Vater über uns
Lobpreis dem Sohn bei uns
Lobpreis dem Geist in uns
Lobpreis den Drei rings um uns:

den Drei voll Macht
den Drei voll Jubel
den Drei der Nacht
den Drei des Tags
den Drei der Höhe
den Drei der Tiefe
den Drei der Flut
den Drei der Ebbe
den Drei des Frosts
den Drei der Flamme
den Drei des Bebens
den Drei der Ruhe
den Drei meiner allzeit sehnsüchtigen Seele.

Alles
und jedes,
das Ganze,
oben und unten
in mir und um mich,
Großer Dreifaltiger,
preise dich laut.

Lobpreis Jesu

Da ist keine Pflanze im Erdreich,
die nicht erfüllt wär' von seiner Kraft,
da ist kein Abdruck im Sand,
der nicht erfüllt wär' von seinem Segen.
Jesus! Jesus! Jesus!
Wie sehr ziemt es sich, Ihn zu preisen.

Da ist kein Lebewesen im Meer,
da ist kein Geschöpf in den Flüssen,
da ist kein Wesen unter dem Himmel,
das nicht seine Güte verkündet.
Jesus! Jesus! Jesus!
Wie sehr ziemt es sich, Ihn zu preisen.

Da ist kein Vogel hoch in der Luft,
da ist kein Stern droben am Himmel,
da ist kein Geschöpf unter der Sonne,
das nicht seine Güte verkündet.
Jesus! Jesus! Jesus!
Wie sehr ziemt es sich, Ihn zu preisen.
Carmina Gadelica

Danksagung

Danksagung für alles Leben

Gott der höchsten Himmel,
der ziehenden Wolken,
Gott des blauen Firmaments,
heiße Sonne,
Gott der funkelnd hellen Sterne,
des milden Monds,
Gott der sanften Erde,
des brausenden Winds,
Gott des lodernden Feuers,
der rauschenden Wasser,
Gott der festen Ziegel,
der glatten Steine,
Gott aller Güte,
zärtliches Erbarmen,
Dank dir für alles Leben am heutigen Tag.

Und Dank auch für dieses mein eigenes Leben,
ja, für dieses mein eigenes Leben.

Reisen

Der Reisesegen

Segne für mich, Gott,
die Erde unter meinem Schritt.
Segne für mich, Gott,
den Pfad, auf dem ich geh'.
Segne für mich, Gott,
all das, was ich ersehn'.
Segne erst recht dann
den Ort, an dem ich bleib'.
Carmina Gadelica

Gebet vor Reiseantritt

Leben sei in meinem Sprechen,
Sinn in allem, was ich sage,
Kirschblüten auf meinen Lippen,
bis ich wieder hierher komme.
Carmina Gadelica

Bitte vor der Reise

Sei ein ebener Weg vor mir,
sei ein Leitstern über mir,
sei ein wachsames Auge hinter mir,
diesen Tag, diese Nacht, immer.

Ich bin müde und verloren -
führ' mich in das Land der Engel.
Lass mich dort bei Christus sitzen
und im Himmelsfrieden ruhen.

O Gott alles Lebens,
sei mir friedvoll zugetan und stärke mich,
sei mein Stern, mein Kapitän am Steuer,
dass ich mich im Frieden niederlegen
und zu neuem Leben aufstehn darf.

Carmina Gadelica

Reisesegen

Gott geleite dich sicher an jedem Abgrund vorbei,
Gott öffne vor dir alle Pässe,
Gott beseitige jedes Hindernis von deinen Straßen
und Gott umfange und behüte dich
zwischen seinen beiden gütigen Händen.

Carmina Gadelica

Gott mir auf meiner Spur

Gott vor mir, Gott auch hinter mir,
Gott über mir, Gott unter mir.
Ich auf Gottes sichern Pfaden,
Gott bei mir auf meiner Spur.

Carmina Gadelica

Quellennachweis für die verwendeten Bibelzitate:
Die Bibel. Einheitsübersetzung der Heiligen Schrift
in neuer Rechtschreibung.

Die englische Originalausgabe ist erschienen unter dem Titel
»Circle of Prayer«

Bibliografische Information der Deutschen Bibliothek
Die Deutsche Bibliothek verzeichnet diese Publikation in der Deutschen
Nationalbibliographie; detaillierte bibliografische
Daten sind im Internet über http://dnb.ddb.de abrufbar.

Kreuz Verlag GmbH & Co. KG Stuttgart
Verlagsgruppe Dornier
Postfach 80 06 69, 70506 Stuttgart

www.kreuzverlag.de
www.verlagsgruppe-dornier.de

Umschlaggestaltung: Bergmoser & Höller, Agentur, Aachen
Druck und Bindung: Clausen & Bosse, Leck

ISBN: 3-7831-2365-8